Diethard Lübke

Kommaregeln – Lernen und Üben

Ein Lernprogramm

VERLAG MORITZ DIESTERWEG
Frankfurt am Main

ISBN 3-425-01272-X

2. Auflage

Satz und Druck: Oscar Brandstetter Druckerei GmbH & Co. KG, Wiesbaden

Vorwort

Vielen fällt es schwer, die Kommaregeln zu lernen und anzuwenden. Manche sagen: »Ich setze die Kommas nach Gefühl!« – und machen doch viele Kommafehler. Andere wieder meinen: »Wäre es nicht das beste, die Kommas überhaupt abzuschaffen?«

Machen wir die Probe, ob das sinnvoll wäre. In der folgenden Geschichte sind die Kommas weggelassen worden:

> *Bach sollte als seine Frau starb zum Begräbnis Vorbereitungen treffen. Der arme Mann war aber gewohnt alles durch seine Frau besorgen zu lassen als nun ein alter Bedienter kam um ihn für den Trauerflor den er kaufen wollte um Geld zu bitten antwortete Bach unter stillen Tränen den Kopf auf den Tisch gestützt: »Sag's meiner Frau.«*

Sicher kann man diese Geschichte leichter und schneller verstehen, wenn die Kommas wieder eingefügt werden:

> *Bach sollte, als seine Frau starb, zum Begräbnis Vorbereitungen treffen. Der arme Mann war aber gewohnt, alles durch seine Frau besorgen zu lassen; als nun ein alter Bedienter kam, um ihn für den Trauerflor, den er kaufen wollte, um Geld zu bitten, antwortete Bach unter stillen Tränen, den Kopf auf den Tisch gestützt: »Sag's meiner Frau.«*

Diese Probe zeigt: Die Kommas erleichtern dem Leser das Verstehen des Textes. Sie helfen ihm, sich schnell und mühelos in den Sätzen zurechtzufinden. Das ist auch für das laute Lesen wichtig: die Satzzeichen (besonders die Kommas) zeigen an, wo man eine Pause machen muß.

Es kommt sogar vor, daß sich der Sinn eines Satzes verändert, je nachdem wie die Kommas gesetzt sind.

1. *Wir verabredeten uns, am nächsten Tag nach Dortmund zu fahren.*
   Wir verabredeten uns am nächsten Tag, nach Dortmund zu fahren.
2. *Thomas, mein Bruder, und ich fahren nach Dortmund.*
   (Thomas ist mein Bruder; es fahren also zwei.)

   Thomas, mein Bruder und ich fahren nach Dortmund.
   (Thomas und mein Bruder sind verschiedene Personen; es fahren also drei.)

Wer Wert darauf legt, daß alles, was er schreibt (Briefe, Aufsätze, Mitteilungen usw.), richtig verstanden wird, muß sorgfältig auf die Zeichensetzung achten. Nichts ist ärgerlicher, als mißverstanden zu werden.

In diesem Heft kann man die Kommaregeln und ihre Anwendung ohne besondere Anstrengung lernen.

Die Kommaregeln sind so einfach formuliert, daß jeder sie wirklich verstehen und sich merken kann.

Zunächst werden die fünf wichtigsten Kommaregeln erklärt. Sie betreffen mindestens 90% aller Kommas. Anschließend folgen weitere Kommaregeln, die seltener vorkommen.

»Durch Übung wird man Meister« – auch in der Zeichensetzung! Daher enthält dieses Heft einen umfangreichen und vielseitigen Übungsteil.

Die fünf wichtigsten Kommaregeln

1. **Das Komma steht zwischen Sätzen. (S)**

   Wie man sich bettet, so schläft man.
   Ich kam, ich sah, ich siegte.
   Hunde, die bellen, beißen nicht.
   »Ich bin unschuldig«, sagte der Angeklagte.

2. **Das Komma trennt den Infinitivsatz ab. (I)**

   Als Infinitivsätze gelten:
   1. erweiterter Infinitiv;
   2. Infinitive mit »um zu, ohne zu, als zu, anstatt zu«;
   3. mehrere nicht erweiterte Infinitive mit »zu«.

   Es ist verboten, den Rasen zu betreten.
   Ich gehe ins Geschäft, um einzukaufen.
   Es macht mir Spaß, zu rudern und zu schwimmen.

3. **Das Komma trennt die Glieder einer Aufzählung, die nicht durch »und« oder »oder« verbunden sind. (A)**

   Sonne, Mond und Sterne.
   Alles rennet, rettet, flüchtet . . .

4. **Das Komma steht vor »sondern«. (G)**

   Die Preise sind nicht gefallen, sondern gestiegen.
   Der Schüler lernt nicht für den Lehrer, sondern für sich.

5. **Das Komma trennt die nachgestellte genauere Bestimmung ab. (B)**

   Nachgestellte genauere Bestimmungen werden im allgemeinen eingeleitet durch »und zwar, und das, das heißt (d. h.), zum Beispiel (z. B.), wie, nämlich, namentlich, insbesondere«. Diese Einleitungen können fehlen, aber jederzeit ergänzt werden.

   Ich interessiere mich sehr für Musik, (und zwar) besonders für Jazz.
   Der Verkehr auf der Autobahn ist sehr stark, namentlich an Wochenenden.
   Kolumbus, (das ist) der Entdecker Amerikas, starb 1506.

Die Kommaregeln werden in aller Ausführlichkeit im DUDEN (19. Aufl.) angegeben.

1. Kommaregel: Duden R 109, 110, 111, 112, 113
2. Kommaregel: Duden R 107, 108
3. Kommaregel: Duden R 90
4. Kommaregel: Duden R 103
5. Kommaregel: Duden R 97, 98

Erläuternde Hinweise zum besseren Verständnis der fünf wichtigsten Kommaregeln

Zur 1. Kommaregel (S)

a) Es ist gleichgültig, ob die Sätze, zwischen denen ein Komma steht, »Hauptsätze« oder »Nebensätze« sind. Es müssen nur Sätze sein.

Ein Satz besteht mindestens aus zwei Satzteilen,
dem Subjekt (Satzgegenstand; Frage: **Wer oder was** tut etwas?)
und dem Prädikat (Satzaussage; Frage: Was **tut** jemand?)
»Ich kam« ist ein ganzer Satz. »Ich« = Subjekt (Satzgegenstand; Frage: Wer kam?)
»kam« = Prädikat (Satzaussage; Frage: Was tat ich?)

b) Das Komma steht auch zwischen unvollständigen Sätzen.

Ende gut, alles gut. (Wenn das Ende gut ist, dann ist alles gut.)

c) Im vorletzten Beispiel sind zwei Sätze ineinandergefügt.

Hunde,	*die bellen,*	*beißen nicht.*
1. Satz	2. Satz	1. Satz

Zur 2. Kommaregel (I)

Statt »Infinitivsatz« sagt man auch »Infinitiv mit zu, Grundform mit zu« oder »Grundformgruppe«.

Was ein erweiterter Infinitiv ist, verdeutlichen folgende Beispiele:
Die Erweiterungen sind durch Fettdruck hervorgehoben.

Es hat keinen Zweck zu warten.
Es hat keinen Zweck, **noch länger** *zu warten.*
Es hat keinen Zweck, **auf Herrn Müller** *zu warten.*

Zur 3. Kommaregel (A)

Wenn man bei einer Aufzählung weder »und« noch »oder« einsetzen kann, steht auch kein Komma.

Der Raumfahrt verdanken wir wichtige wissenschaftliche Erkenntnisse.
(Man kann nicht sagen: »... wichtige **und** wissenschaftliche Erkenntnisse.«)

Zur 4. Kommaregel (G)

Der Gegensatz kann auch durch »aber, jedoch, vielmehr, allerdings« ausgedrückt werden.

Frau Weber arbeitet jeden Tag im Büro, aber (jedoch, ...) nur vormittags.

Zur 5. Kommaregel (B)

Die genauere Bestimmung im letzten Beispiel heißt »Apposition« oder »Beisatz«.

Arbeitsanleitung zu den Übungen

Alle Übungen sollen schriftlich gemacht werden. Bei jedem Komma ist die Regel anzugeben.

Verwende dafür folgende Abkürzungen:

S = Komma zwischen Sätzen (1. Kommaregel)
I = Infinitiv (2. Kommaregel)
A = Aufzählung (3. Kommaregel)
G = Gegensatz bei »sondern« (4. Kommaregel)
B = nachgestellte genauere **B**estimmung (5. Kommaregel)

Schreibe die Abkürzungen zwischen die Druckzeilen:

Ich kam,[S] ich sah,[S] ich siegte. – Es ist verboten,[I] den Rasen zu betreten.– Sonne,[A] Mond und Sterne. – Nicht ich,[G] sondern du. – Ich komme,[B] und zwar bald.

Wem dieses Heft nicht gehört, der sollte auf einem Blatt Papier oder im Schreibheft jeweils das letzte Wort vor dem Komma hinschreiben und den Buchstaben der Kommaregel hinzufügen:

Ich kam, ich sah, ich siegte.	kam, **S**
	sah, **S**
Es ist verboten, den Rasen zu betreten.	verboten, **I**
Sonne, Mond und Sterne.	Sonne, **A**

Erst nach der Beendigung einer Übung sollte man den Lösungsbogen zur Hand nehmen und prüfen, ob alle Kommas richtig bestimmt worden sind. Der Lösungsbogen befindet sich am Schluß dieses Heftes. – Wer den Lösungsbogen schon vorher benutzt, lernt weniger bei den Übungen!

Um die Regeln später von Zeit zu Zeit zu wiederholen, kann man die Kommas in Zeitungen und Lesebüchern bestimmen.

Übungen zu den Kommaregeln 1–5

Übung 1

Gib bei jedem Komma die entsprechende Kommaregel an!

1. Ich muß mich beeilen, damit ich den Bus noch erreiche.
2. Du gehst in die Schule, und ich fahre in den Betrieb.
3. Ich hoffe, daß du bald wieder gesund bist, und freue mich schon auf deinen Besuch.
4. Ich gehe zum Friseur, um mir die Haare schneiden zu lassen.
5. Im Schaufenster sind Kleider, Anzüge, Jacken und Mäntel ausgestellt.
6. Wir fahren in den Ferien nicht an die Nordsee, sondern an die Ostsee.
7. In unserem Garten blühen viele schöne Blumen, z. B. Astern und Dahlien.

Übung 2

Gib bei jedem Komma die entsprechende Kommaregel an!

1. Wen ich auch frage, niemand kann mir Auskunft geben.
2. Nicht Peter, sondern Thomas ist der älteste Schüler der Klasse.
3. Ich verspreche dir, mich zu beeilen.
4. Das Kind lief über die Straße, ohne auf den Verkehr zu achten.
5. Viele benutzen ihr Auto, um zur Arbeit zu fahren.
6. Arbeiter, Angestellte und Beamte haben eine Lohnerhöhung bekommen.
7. Ich werde bald umziehen, und zwar nach Kassel.
8. Ich möchte wetten, daß du dich irrst.
9. Das Fußballspiel findet heute nicht statt, sondern erst morgen.
10. Das Fußballspiel war spannend, es wurden 4 Tore geschossen.
11. Das Unwetter war schlimm: es blitzte, stürmte und hagelte.
12. Ich war froh, als alles vorüber war.

Übung 3

Setze die fehlenden Kommas ein, und wende dabei die Kommaregel **S** *an!*

1. Weil es kalt ist stellen wir die Heizung an.
2. Ich weiß nicht was ich tun soll.
3. Ich freue mich daß du gekommen bist.
4. Es tut mir leid daß ich dich gekränkt habe.

5. Ich hoffe aber daß wir uns gut verstehen werden.
6. »Ich bin mit Ihrer Arbeit zufrieden« sagte der Direktor.
7. Mein Vater liest die Zeitung immer erst wenn er nach Hause kommt.
8. Die ganze Familie saß am Tisch als die Mutter das Essen auftrug.

Übung 4

Setze die fehlenden Kommas ein, und wende dabei die Kommaregel **S** *an!*

1. Der Brief den ich heute bekommen habe enthält eine gute Nachricht.
2. Er bedauerte es sehr daß er nicht kommen konnte und entschuldigte sich.
3. Das Buch das ich gelesen habe hat mir gefallen.
4. Ich besuche meine Tante die im Krankenhaus liegt und nehme ihr Blumen mit.
5. Das Auto das in in der Garage steht gehört meinem Vater.
6. Der Autofahrer sah daß ein Kind auf die Straße lief und bremste scharf.
7. Die Autos hielten an der Ampel weil Rotlicht war und warteten auf grünes Licht.
8. Ich werde falls ich noch Zeit habe ins Kino gehen.
9. Mein Freund der mich gestern besucht hat kommt morgen noch einmal.
10. Ich werde nicht vergessen wie nett Sie waren und möchte Sie auch zu uns einladen.

Übung 5

Die folgenden Beispiele enthalten Vergleiche. In einigen werden Sätze, in anderen Satzglieder miteinander verglichen.
Trenne nur miteinander verglichene Sätze durch Komma, und wende dabei die Kommaregel **S** *an!*

1. Peter ist viel älter als sein Bruder und seine Schwester.
2. Peter ist älter als ich vermutet hatte.
3. Peter ist fast genau so alt wie sein Freund Werner.
4. Das Wetter ist heute besser als im Wetterbericht vorausgesagt worden war.
5. Die Sonne scheint so warm wie im Hochsommer.
6. Im Freibad sind heute mehr Menschen als an den letzten Tagen.
7. Wir bleiben so lange im Wasser wie es uns Spaß macht.
8. Es war so schön wie ich es mir vorgestellt hatte.

Übung 6

Setze die fehlenden Kommas ein, und wende dabei die Kommaregel **I** *an!*

1. Er kam herein ohne anzuklopfen.
2. »Ich freue mich Sie zu sehen!«
3. Wir hatten kaum noch Zeit um uns zu verabschieden.
4. Der Chef rief die Sekretärin um ihr einen Brief zu diktieren.
5. Ich darf nicht vergessen den Brief einzustecken.
6. Nur um anzugeben bringen sich viele leichtsinnig in Gefahr.
7. Es gelang dem Bademeister den Ertrinkenden zu retten.
8. Anstatt zu schlafen las er noch mehrere Stunden.
9. Dem Autofahrer war es nicht mehr möglich zu bremsen oder auszuweichen.

Übung 7

Setze die fehlenden Kommas ein, und wende dabei die Kommaregel **A** *an!*

1. Zu Ihrem Geburtstag gratuliere ich Ihnen und wünsche Ihnen Glück Gesundheit und viel Erfolg.
2. Seine Braut ist jung schön und reich.
3. Mein Freund besitzt viele Bücher: Romane Taschenbücher Sachbücher und ein großes Lexikon.
4. Alle Flugverbindungen nach Frankfurt Berlin Köln und Hannover sind wegen des Nebels unterbrochen.
5. Wetterbericht: In weiten Teilen Deutschlands wird am Wochenende mit Regen- Graupel- und Schneeschauern gerechnet. Lediglich am Oberrhein in Berlin und in Norddeutschland erwarten die Meteorologen frühlingshafte Temperaturen. In den Höhenlagen Bayerns des Schwarzwaldes und des Harzes herrscht gegenwärtig noch tiefster Winter. Auf dem Feldberg fielen am Freitag 20 Zentimeter Neuschnee im Harz bis zu 10 Zentimeter.

Übung 8

Setze die fehlenden Kommas ein, und wende dabei die Kommaregel **G** *an!*

1. Ich habe nicht voreilig sondern nach reiflicher Überlegung gehandelt.
2. Ich habe nicht nur Englisch sondern auch Französisch gelernt.
3. Nicht nur die Kohlen sind teurer geworden sondern auch das Heizöl.
4. In diesem Jahr ist Ostern nicht im April sondern schon im März.
5. Nicht heute sondern morgen sind wir eingeladen.
6. Der Film war nicht spannend sondern langweilig.

Übung 9

Setze die fehlenden Kommas ein, und wende dabei die Kommaregel **B** *an!*

1. Wir machen einen Ausflug und zwar in die Lüneburger Heide.
2. Ich war oft in England namentlich in London.
3. Französische Weine sind berühmt insbesondere der weiße Bordeaux.
4. Manche Waren sind in Italien billiger als bei uns z.B. Gold- und Lederwaren.
5. Komm mich mal besuchen und das möglichst bald!
6. Ich kenne ihn seit langem d.h. seit etwa drei Jahren.

Übung 10

Setze die fehlenden Kommas ein, und gib die betreffenden Kommaregeln an!

Henri Dunant, der Begründer des Roten Kreuzes

1. Während des Krieges zwischen Napoleon III. und Österreich fand im Jahre 1859 die Schlacht bei Solferino statt die auch der Schweizer Henri Dunant miterlebte.
2. Die Schlacht tobte von allen Seiten hörte man Schüsse und überall lagen Verwundete und Sterbende.
3. Henri Dunant machte den Versuch einem Verwundeten zu helfen.
4. Als ihm dies nicht gelang war er verzweifelt.
5. Er fragte sich deshalb wie es möglich sei den Verletzten im Krieg zu helfen.
6. Er war durch seine Kriegserlebnisse so erschüttert daß er in einem Buch versuchte das Gewissen seiner Mitmenschen wachzurütteln.
7. In diesem Buch das er dann veröffentlichte schlug er vor daß alle Staaten einer Hilfsorganisation beitreten sollten.
8. Als Sinnbild für diese Hilfsorganisation wählte man das rote Kreuz im weißen Feld das heute jeder kennt.
9. Feindliche Fahrzeuge Schiffe und Gebäude an denen das Rote Kreuz zu sehen ist dürfen nicht angegriffen werden.
10. Henri Dunant erhielt dafür daß er das Rote Kreuz gegründet hatte 1901 den Nobelpreis.
11. Er war einer der großen Wohltäter der Menschheit vor dessen Leistung man Achtung haben muß.
12. Das Rote Kreuz das eine internationale Hilfsorganisation geworden ist wird heute von jedem unterstützt.

Übung 11

Setze die fehlenden Kommas ein, und gib die betreffenden Kommaregeln an!

Vorsicht im Straßenverkehr

1. Viele Gefahren entstehen wenn Fußgänger unvorsichtig die Straße überqueren.
2. Deshalb sollten gerade Fußgänger im Straßenverkehr sehr vorsichtig sein um sich und andere vor Schaden zu bewahren.
3. Wer vorsichtig ist sieht nach links und nach rechts und geht erst über die Fahrbahn wenn sie frei ist.
4. In jedem Fall aber ist es sicherer die Straße auf einem Zebrastreifen zu überqueren weil die Autofahrer dort halten müssen.
5. Einmal habe ich erlebt daß eine Frau ganz in Gedanken über die Straße ging und fast wäre ein Unfall geschehen.
6. Ein Autofahrer mußte scharf bremsen und dann beschimpfte die Frau ihn noch.
7. Auch kleine Kinder wissen oft nicht wann Gefahren drohen und das kann schlimme Folgen haben.
8. Mein Vater war einmal Unfallzeuge als ein kleines Mädchen aus der Haustür gelaufen kam und die Straße überquerte ohne auf den Verkehr zu achten.
9. Obwohl ein vorbeikommender Autofahrer die Kleine noch im letzten Augenblick sah und sofort bremste wurde sie vom Auto erfaßt und mitgeschleift.
10. Einige Leute die den Unfall gesehen hatten riefen sofort einen Arzt der aber konnte nur für eine schnelle Überführung ins Krankenhaus sorgen.

Übung 12

Setze die fehlenden Kommas ein, und gib die betreffenden Kommaregeln an!

Fünf Unfallberichte

1.

Ein junger Mopedfahrer streifte auf einem Fußgängerüberweg am Marktplatz eine Frau und warf sie zu Boden. Er war obwohl ein Personenwagen vor dem Zebrastreifen angehalten hatte mit unverminderter Geschwindigkeit weitergefahren. Zwei Fußgänger konnten sich retten indem sie in letzter Sekunde zur Seite sprangen.

2.

Am 6. Februar 19. . fuhr ich mit meinem PKW gegen 18 Uhr auf der Bahnhofstraße und zwar in Richtung Bahnhof. Da Schnee fiel fuhr ich wegen der Glätte nur mäßig schnell. Plötzlich bemerkte ich wie ein entgegenkommender PKW ins Schleudern geriet möglicherweise auf einer vereisten Stelle. Er kam auf meine Straßenseite und fuhr gerade auf mein Auto zu. An ein Ausweichmanöver war nicht zu denken weil die Fahrbahn zu glatt war. Die genaue Ursache für das falsche Fahrverhalten von Herrn X kann ich nicht angeben behindert wurde sein Auto nicht. Es ist wahrscheinlich daß Herr X durch unvernünftiges Gasgeben seinen PKW zum Schleudern brachte. Obwohl nach dem frontalen Zusammenstoß beide Autos erheblich beschädigt waren ist mir selbst wenig passiert. Ich war nur mit der Stirn gegen die Windschutzscheibe gestoßen ferner hatte ich Prellungen an beiden Knien.

3.

Direkt auf die Fahrbahn einer Landstraße stürzte ein einmotoriges Privatflugzeug und ging in Flammen auf. Die beiden Insassen es handelt sich um zwei italienische Kaufleute waren sofort tot. Nach Angaben der Polizei war die Straße zur Zeit des Unglücks frei so daß andere Menschen nicht zu Schaden kamen. Zeugen gaben an daß das Flugzeug in der Luft plötzlich ins Trudeln geraten und dann abgestürzt sei.

4.

Menschliches Versagen war der Grund für ein Zugunglück bei dem auf dem Bahnhof K. ein Lokführer und 12 Fahrgäste lebensgefährlich verletzt wurden. Weil eine Weiche falsch gestellt war prallte ein durchfahrender Eilzug mit einer Geschwindigkeit von etwa 70 km/h auf einen abgestellten Güterzug. Die Diesellok des Eilzuges rammte den Güterzug schob ihn noch über 100 Meter vor sich her und entgleiste dann.

5.

Ein 12jähriger Junge der bei einem Kohlenhändler eine Bestellung aufgeben sollte wurde von dem Hund des Kohlenhändlers angefallen und so gebissen daß er mit lebensgefährlichen Verletzungen ins Krankenhaus eingeliefert werden mußte. Der Hund wurde erschossen.

Übung 13

Setze die fehlenden Kommas ein, und gib die betreffenden Kommaregeln an!

Jagd auf Haie

Wir wurden schließlich so vertraut mit den Haien daß wir begannen sie am Schwanze zu ziehen. Viele werden einwenden daß es ein primitiver Sport ist Tiere am Schwanz zu ziehen aber die haben es eben noch nie bei einem Hai versucht! In Wirklichkeit ist das aber eine spannende Angelegenheit.

Um den Schwanz in die Hand zu bekommen mußten wir den Hai erst einmal mit einem richtigen Leckerbissen ködern. Für einen solchen war er gerne bereit den Schädel hoch aus dem Wasser herauszustrecken. Wenn dann der Hai sich abwendete um wieder zu tauchen wedelte er den Schwanz heraus aus dem Wasser so daß er leicht zu packen war. Haihaut greift sich wie richtiges Sandpapier an und in der obersten Schwanzspitze befindet sich ein Absatz der für einen guten Handgriff wie geschaffen ist. Bekamen wir hier erst einmal einen festen Griff so konnte die Faust nicht mehr abgleiten.

Nun aber hieß es ziehen bevor der Hai sich besann. Ein oder zwei Sekunden begriff der Hai gar nichts dann aber begann er wild um sich zu schlagen. Das ist allerdings vergeblich denn ohne Hilfe des Schwanzes kann kein Hai davonfahren die übrigen Flossen sind nur Gleichgewichts- und Steuerungsapparate. Nach einem verzweifelten Ruck wobei es galt den Schwanz fest in der Klemme zu behalten wurde der Überrumpelte zuletzt vollständig mutlos und apathisch. Und da ihm der lose Magensack gegen den Schädel zu sinken begann war er schließlich wie gelähmt. Wenn der Hai nun erstarrte und wie abwartend hängen blieb war es an der Zeit ihn aus allen Kräften einzuholen. Selten bekamen wir dabei mehr als die Hälfte des schweren Fisches aus dem Wasser heraus. Aber da erwachte auch der Hai und vollbrachte den Rest meistens selbst. Mit einem gewaltigen Ruck warf er den Schädel herum und schleuderte sich herauf auf die Stämme. Nun galt es noch aus Leibeskräften mit einem festen Ruck nachzuhelfen und dann mit einem Satz weit weg zu springen. Eile war geboten wollte man seine Beine retten denn jetzt wurde der Hai wild. Mit gewaltigem Schwung hieb er um sich und sein Schwanz schlug wie ein Schmiedehammer gegen die Wand.

Übung 14

Setze die fehlenden Kommas ein, und gib die betreffenden Kommaregeln an!

Kameradschaft und Freundschaft

Diese beiden Begriffe sind miteinander verwandt sie bezeichnen beide ein Gefühl der Zusammengehörigkeit zwischen Menschen.

Kameradschaft entsteht dort wo Menschen die ihrem Wesen nach sehr unterschiedlich sein können zufällig zusammengekommen sind und längere Zeit gemeinsame Aufgaben ausführen oder gemeinsame Leiden ertragen müssen z. B. im Krieg in der Schule. Man spricht daher von Kriegskameradschaft und Klassenkameraden. Je schwerer die gemeinsamen Aufgaben sind desto stärker empfinden alle ihre Zusammengehörigkeit. Freundschaft setzt eine tiefe seelische Beziehung zwischen den Menschen voraus die sich zueinander hingezogen fühlen und sich ergänzen. Freunde haben gemeinsame Interessen die sie gemeinsam verfolgen und teilen Freud und Leid miteinander. Freundschaft ist beständiger als Kameradschaft: Gehen Kameraden auseinander dann verlieren sie sich bald aus den Augen; Freundschaft bleibt bestehen auch wenn die Freunde räumlich getrennt sind.

Mut und Tollkühnheit

Mut ist eine Eigenschaft die viel Selbstvertrauen voraussetzt. Ein mutiger Mensch scheut vor gefährlichen Aufgaben nicht zurück. Der Tollkühne dagegen versucht Mut zu zeigen indem er »Taten« vollbringt die nicht nötig sind. Er möchte daß seine Mitmenschen ihn für besonders mutig halten.

Hier ist ein Beispiel das einen tollkühnen und einen mutigen Menschen zeigt:

An einem Wintertag waren mehrere Jungen in den Wald gegangen. Sie sahen einen Tümpel der gerade erst zugefroren war. Als sie schon weitergehen wollten meinte einer von ihnen: »Wer traut sich mit aufs Eis?« Kaum hatte er das gesagt da stand er auch schon auf der Eisfläche. Obwohl die anderen ihn warnten schlitterte er immer weiter auf die Mitte des kleinen Sees zu. Plötzlich warf er die Arme in die Luft die Jungen am Ufer hörten einen Schrei und ein Krachen; er war eingebrochen. Sofort lief einer der Gruppe aufs Eis und war bald an der Unfallstelle. Dort legte er sich flach auf die Eisfläche die ihn stehend nicht getragen hätte und reichte dem Ertrinkenden seinen Arm. Der klammerte sich fest daran und konnte mit Mühe gerettet werden. Dem Jungen der eingebrochen war wäre sein Leichtsinn beinahe teuer zu stehen gekommen sein Retter aber hat wirklichen Mut gezeigt.

Übung 15

Setze die fehlenden Kommas ein, und gib die betreffenden Kommaregeln an!

Sprichwörter

Wer einmal lügt dem glaubt man nicht und wenn er auch die Wahrheit spricht.

Was Hänschen nicht lernt lernt Hans nimmermehr.

Was du heute kannst besorgen das verschiebe nicht auf morgen.

Der Krug geht solange zum Brunnen bis er bricht.

Wo gehobelt wird fallen Späne

Es ist nicht alles Gold was glänzt.

Rom ist nicht an einem Tag erbaut worden. – Damit entschuldigen sich viele fahrlässige Menschen welche ihr Geschäft nicht treiben und vollenden mögen und schon müde sind ehe sie recht anfangen. Mit Rom ist es aber eigentlich so zugegangen: Es haben viele fleißige Hände viele Tage unverdrossen daran gearbeitet und nicht abgelassen bis es fertig war.

Ich kenne zwei Sprichwörter und die sind beide wahr wenn sie schon einander widersprechen. Von zwei unbemittelten Brüdern hatte der eine keine Lust und keinen Mut etwas zu erwerben weil ihm das Geld nicht zu den Fenstern hineinregnete. Er sagte immer: »Wo nichts ist kommt nichts hin.« Und so war es auch. Er blieb sein Leben lang der arme Bruder Wonichtsist weil es ihm nie der Mühe wert war mit einer kleinen Ersparnis den Anfang zu machen und nach und nach zu größerem Vermögen zu kommen. So dachte der jüngere Bruder nicht. Der pflegte zu sagen: »Was nicht ist das kann werden.« Er hielt das wenige was ihm von der Hinterlassenschaft seiner Eltern zuteil geworden war zusammen und vermehrte es nach und nach durch eigene Ersparnisse indem er fleißig arbeitete und zurückgezogen lebte. Anfänglich ging es hart und langsam. Mit der Zeit ging es besser. Er wurde durch unverdrossenen Fleiß und Gottes Segen noch ein reicher Mann und ernährt jetzt die Kinder des armen Bruder Wonichtsist der selber nichts zu beißen und zu nagen hat.

Übung 16

Setze die fehlenden Kommas ein, und gib die betreffenden Kommaregeln an!

Blick in die Zukunft

Es gibt Schätzungen wonach die durchschnittliche Lebensdauer des Menschen im Laufe der nächsten Jahrhunderte etwa 120 Jahre erreichen könnte. – Hält man sich vor Augen daß heute infolge Kalorienmangels noch 50% der Weltbevölkerung unterernährt sind so wird deutlich welche großen Anstrengungen bis zum Jahre 2000 noch gemacht werden müssen um die Versorgung der anwachsenden Menschheit mit Lebensmitteln sicherzustellen. – Der Normalbürger des Jahres 2000 erwacht aus einem traumlosen medikamentengesteuerten Schlaf. Er schluckt seine 200-Kalorien-Frühstückspille und schlüpft in einen frischen Wegwerfanzug. – Wenn man am Abend tanzen geht wird man Tabletten einnehmen die für gute Stimmung sorgen. – Im Jahre 2000 so erwarten die Zukunftsforscher werden 70 bis 90% der Menschen in Städten wohnen. Damit wird die Belästigung der Bevölkerung durch Lärm Luft- und Wasserverschmutzung zu einer steigenden Quelle der Gefahr. – Die Luft ist so schmutzig daß der Taxifahrer außer den Scheinwerfern auch eine Radaranlage anstellen muß. Das Hotel hat keine Fenster und auf dem Zimmer arbeitet statt einer Klimaanlage die Sauerstoffzufuhr. – Der britische Zukunftsforscher Calder erwartet auf kurze Sicht größere Erfolge bei der lokalen Wetterkontrolle: Zerstreuen von Nebel und Hagel planmäßige Steuerung von Regenfällen in bestimmten Gebieten vielleicht sogar Auflösung von Wirbelstürmen durch Abkühlung. Die Menschen werden im Kalender nachsehen ob an einem bestimmten Tage Regen oder Sonnenschein vorgesehen ist. – Bis vor kurzem mußte die Mehrzahl der Menschen schwer arbeiten um eine müßige Minderheit zu unterhalten. Zum erstenmal in der Geschichte stehen wir heute vor der Möglichkeit daß nur eine Minderheit zu arbeiten braucht um der überwiegenden Mehrheit der Bevölkerung ein Leben in untätigem Luxus zu ermöglichen. Vielleicht wird diese Minderheit die für den Unterhalt der Gesamtbevölkerung arbeiten muß schon sehr bald so klein sein daß sie sich ausschließlich aus den begabtesten Schichten rekrutieren kann. – Man hält es für möglich daß im Jahr 2000 70 bis 80% der Leute ihr Leben mit Schach Bridge Musik Kunst Sprachen Wissenschaft und Philosophie ausfüllen werden.

Übung 17

Setze die fehlenden Kommas ein, und gib die betreffenden Kommaregeln an!

In den Ferien arbeiten?

Die deutschen Eltern und Lehrer wissen nicht ob sie über die Tüchtigkeit unserer Kinder und Jugendlichen lachen oder weinen sollen. Da haben die Kinder nun Ferien und ein großer Teil von ihnen weiß nichts Eiligeres zu tun als sich erneut in die Arbeit zu stürzen. Von der Aushilfe auf Krankenstationen bis zur Tätigkeit in Industriewerken reicht die Skala.

Der Arbeitsmarkt ist unersättlicher denn je. Er ist nicht zimperlich und nimmt den der sich anbietet. Auch für die kleinste Hand gibt es Beschäftigung. Verschiedene Arbeitsämter haben es abgelehnt Beihilfe für eine Entwicklung zu leisten die ihnen höchst gefährlich erscheint. Das Arbeitsamt Aachen etwa hat ein Rundschreiben an Schulen und Eltern gerichtet. Die schulische Ausbildung werde unter Ferienarbeit leiden und die Kinder und die Jugendlichen würden die Lust am Unterricht verlieren wenn sie erst einmal Spaß am Geldverdienen fänden.

Andere Arbeitsämter haben die gleiche negative Einstellung zur Ferienarbeit ausgedrückt und mit ähnlich schwerwiegenden Überlegungen begründet. Sie weisen auf das Bedürfnis der kindlichen und jugendlichen Entwicklung nach »Zeit zum Spielen« hin. Oder sie erinnern daran daß die Schularbeit eine harte körperliche Anstrengung ist die von Abschnitten der Erholung aus körperlichen Gründen notwendig unterbrochen werden muß. Sichere Zahlen liegen nicht vor aber man darf annehmen daß zwanzig bis dreißig Prozent der Kinder und Jugendlichen die sich eigentlich erholen sollten die Ferien zu harter und einträglicher Arbeit benutzen. Wir fragten junge Leute die in diesen Tagen auf Arbeitsstellen tätig sind nach den Gründen für ihre Aktivität: »Ich will mir ein Moped anschaffen« hieß es zum Beispiel. Man kann nicht sagen daß die jungen Leute für Unfug ihre Freizeit opfern.

Sie haben fast alle ganz bestimmte Ziele. Sie verkleckern das Geld nicht das sie einnehmen. Sie halten es fest zusammen und werden sogar sparsam versagen sich Dinge die sie sich wohl geleistet hätten wenn es nur Taschengeld wäre was sie in der Hand halten. Zu sauer war die Mühe als daß der Gewinn leicht aus der Tasche ginge.

Hierher gehören auch diejenigen die in den Ferien nicht arbeiten um Geld zu verdienen (Geld ist für sie nur eine angenehme Begleiterscheinung) sondern um einen Beruf kennenzulernen den sie vielleicht einmal wählen wollen. Die Jugend hat das Bedürfnis sich in den Lebensraum hineinzutasten in dem sie sich morgen wird behaupten müssen. Das mag sich auch hinter manchem »Arbeiten zur Wunscherfüllung« verbergen das man mit Schrecken meint erkennen zu müssen. Die Psychologen mit denen man das Phänomen der Ferienarbeit bespricht neigen dazu es positiv zu bewerten. Sie meinen ein Bedürfnis nach Praxis eine Art »Stoßtruppunternehmen in den Alltag« bei den meisten in den Ferien arbeitenden Jugendlichen erkennen zu können und zwar nicht nur bei denen die eine klare Vorstellung vom Ziel schon von früh an leitet.

»Denken Sie einmal darüber nach wie schwer Sie selbst sich in diese Welt hineingefunden haben« sagt der Leiter einer Erziehungsberatung in einer süddeutschen Großstadt. »Die Mädchen und Burschen haben einen guten Instinkt. Sie merken daß sie viel Theorie lernen daß in all dem was man ihnen anbietet wenig steckt was direkt eine Hilfe für die Bewährungsprobe bedeutet vor der sie schon morgen stehen werden. Später werden sie merken wieviel der ›graue Unterrichtsstoff‹ auch für den Alltag in ihnen vorbereitet hat. Direkte ›Übergangshilfe‹ aber – die finden sie nur schwer.«

Übung 18

Setze die fehlenden Kommas ein, und gib die betreffenden Kommaregeln an!

Privatbriefe

Lieber Herr Bergmann!

Zu Ihrem 70. Geburtstag gratuliere ich Ihnen herzlich ich wünsche Ihnen für das neue Lebensjahr alles Gute vor allem aber Gesundheit. Mögen Sie auch weiterhin viel Freude an Ihrem schönen Haus an Ihrem Garten und besonders an Ihrer Rosenzucht haben.

Viele herzliche Grüße
Ihre
Doris Braun

Sehr geehrter Herr Schmidt!

Meine Frau meine Tochter und ich senden Ihnen die herzlichsten Glückwünsche zur Geburt Ihres Sohnes und bitten Sie ebenso herzlich Ihre Gattin von uns zu grüßen. Wir hoffen daß Mutter und Kind wohlauf sind und verbleiben

mit freundlichen Grüßen
Ihre
Krauses

Sehr geehrter Herr Neumann!

Ich freue mich aufrichtig daß Sie die Meisterprüfung bestanden haben und gratuliere Ihnen herzlich. Ich wünsche Ihnen daß Sie bei der Übernahme des väterlichen Betriebes viel Erfolg haben mögen.

Mit freundlichen Grüßen
Ihr
Manfred Krüger

Lieber Herr Müller!

Meine Frau und ich sind jetzt schon 14 Tage am Tegernsee und haben uns gut erholt. Auf kleinen Ausflügen Wanderungen und bei der Besteigung des Wallbergs haben wir die Gegend kennengelernt. In dem kleinen Gasthaus in Rottach-Egern das Sie uns empfohlen haben waren wir schon mehrmals zum Mittagessen. – Ich hoffe daß Sie durch die Urlaubsvertretungen nicht zu sehr belastet sind.

Mit freundlichen Grüßen
Rolf Schulz und Frau

Lieber Herr Schulz!

Ich danke für die Urlaubsgrüße die ich heute erhalten habe. Ich freue mich daß Ihnen die Wanderungen und Kletterpartien gut bekommen. – Ich habe mich jetzt endgültig entschlossen in diesem Jahr an die Nordsee zu fahren.

Ich wünsche Ihnen sowie auch Ihrer Gattin weiterhin gute Erholung!

Ihr
Erwin Müller

Sehr geehrter Herr Pfleiderer!

Auf Grund der Empfehlung von Familie Schulz die im letzten Jahr ihren Urlaub in Ihrer Pension verbracht hat haben wir uns entschlossen in diesem Jahr unsere Ferien bei Ihnen zu verbringen. Wir möchten Sie deshalb bitten uns möglichst bald mitzuteilen ob Sie für die Zeit vom 23. Juli bis 20. August für meine Frau und mich noch ein Doppelzimmer haben. Wir würden uns besonders freuen wenn es ein Zimmer mit Seeblick wäre.
Wir hoffen daß Sie uns eine positive Antwort geben können und bitten gleichzeitig uns den Zimmerpreis (Halbpension) anzugeben.

Mit freundlichen Grüßen
Karl Hanke

Adrian Langner
19 Neustadt
Bergstraße 3

Neustadt, den 3. Juli 19. .

Liebe Herbergsmutter!

In der Nacht vom 27. Juni zum 28. Juni übernachtete ich mit meiner Klasse der 7a der Gesamtschule Neustadt in Ihrer Jugendherberge. Wie ich nach unserer Abfahrt feststellte habe ich meine Toilettensachen eine hellgrüne Wachstuchtasche mit einem braunen Nageletui einer grünen Seifendose einem grünen Zahnbürstenbehälter und einem roten Waschlappen sowie eine schwarze Geldbörse im Waschraum vergessen. Es kann aber auch sein daß die Sachen im Schlafraum liegengeblieben sind. Wenn ich mich nicht irre habe ich im Zimmer 27 geschlafen.
Würden Sie bitte so freundlich sein mir meine Toilettensachen an die obenstehende Adresse zu schicken.
Ich bedanke mich recht herzlich im voraus und ich hoffe Ihnen nicht zu große Mühe gemacht zu haben.

Adrian Langner

Übung 19

Setze die fehlenden Kommas ein, und gib die betreffenden Kommaregeln an!

Bewerbungsschreiben

Petra Weber

3 Hannover, den 30. Mai 19. .
Osterstr. 6

Firma G. Hagemeier – Personalbüro
3 Hannover
Georgstr. 20

Betr.: Bewerbung als Sekretärin

Auf Ihr Stellenangebot in der »Tagespost« bewerbe ich mich als Sekretärin. Ich bin 22 Jahre alt evangelisch und unverheiratet. Ich habe die Mittelschule und die Handelsschule absolviert und beherrsche Stenographie Schreibmaschine und alle Registraturarbeiten. Praktische Erfahrungen habe ich im Büro der Speditionsfirma Klaasen & Co erworben wo ich 4 Jahre beschäftigt war.

Ich bin jederzeit bereit mich bei Ihnen vorzustellen und könnte die Stelle frühestens am 1. Juli antreten.

Hochachtungsvoll
Petra Weber

Lebenslauf

Am 1. Mai 19. . wurde ich Petra Weber als ältestes von drei Kindern des kaufmännischen Angestellten Heinrich Weber und seiner Ehefrau Helene geb. Stocks in Hannover geboren.

19. . wurde ich in Hannover eingeschult. Als ich 12 Jahre alt war starb mein Vater und meine Mutter heiratete später den Kaufmann Franz Petersen. Wir zogen nach Hameln um und ich besuchte dort die Realschule später die höhere Handelsschule.

Zunächst war ich ein Jahr Verwaltungsangestellte bei der Versicherungsgesellschaft Concordia in Hameln. Weil ich Stenographie Schreibmaschine und kaufmännisches Englisch gut beherrsche bemühte ich mich eine besser bezahlte Stellung zu erhalten. Von 19. . bis 19. . war ich in Hannover bei der Speditionsfirma Klaasen & Co als Chefsekretärin tätig. Da die Firma jetzt nach Herford verlegt wird ich aber aus persönlichen Gründen nicht mitziehen kann möchte ich mich bei Ihnen bewerben.

Petra Weber

Weitere Kommaregeln

Neben den fünf wichtigsten Kommaregeln gibt es noch weitere Regeln, die jedoch seltener angewendet werden.

6. **Zwischen Nebensätzen, die durch »und« oder »oder« verbunden sind, steht kein Komma.*** (Ergänzung zu Kommaregel 1)

   Wir hoffen alle, daß es Ihnen gefallen hat und daß Sie bald wiederkommen. Obwohl es schneit und (obwohl) die Straßen glatt sind, fahren viele Autofahrer mit hoher Geschwindigkeit.

7. **Der Partizipialsatz (Mittelwortgruppe) wird durch Komma abgetrennt.** (P = bei Partizipialsätzen; Ergänzung zu Kommaregel 1)

   Ein Partizipialsatz besteht aus einem Partizip (Mittelwort) des Präsens (Gegenwart)** oder des Perfekts (Vergangenheit)*** mit näherer Bestimmung.

   Seiner Einladung folgend, werde ich ihn besuchen.
   Von einer Kugel getroffen, sank er zu Boden.

   Ausnahme: Ein Partizipialsatz mit »entsprechend« wird nicht durch Komma abgetrennt.

   Ihren Wünschen entsprechend ist die Lieferung sofort erfolgt.

8. **Wenn der erweiterte Infinitiv mit dem Hauptsatz verschränkt ist, steht kein Komma.** (Ergänzung zu Kommaregel 2)

   Dieses Mißverständnis wollen wir aufzuklären versuchen.

   Nicht verschränkt:

   Wir wollen versuchen, dieses Mißverständnis aufzuklären.

9. **Wenn der erweiterte Infinitiv dem Hauptsatz vorausgeht und Subjekt ist, steht kein Komma.** (Ergänzung zu Kommaregel 2)

   Die Prüfung zu bestehen wird nicht leicht sein.

   »Die Prüfung zu bestehen« ist Subjekt (Satzgegenstand; Frage: Wer oder was wird nicht leicht sein?)

---

* Diese Kommaregel setzt voraus, daß man Haupt- und Nebensätze unterscheiden kann. Die meisten Nebensätze erkennt man daran, daß die gebeugte Form des Verbs am Satzende steht.

** Z. B.: hoffend, kommend, habend

*** Z. B.: gehofft, gekommen, gehabt

10. Wenn der erweiterte Infinitiv den Hilfsverben »sein, haben, brauchen, pflegen, scheinen« folgt, steht kein Komma. (Ergänzung zu Kommaregel 2)

Er hatte noch einen Brief zu schreiben.
Du brauchst nicht auf mich zu warten.
Das Wetter scheint sich heute zu bessern.

11. Die Anrede wird durch Komma abgetrennt.

Guten Tag, Herr Müller!
Peter, komm mal her!

Ein Komma kann auch nach der Anrede am Anfang eines Briefes gesetzt werden; normalerweise steht dort aber ein Ausrufezeichen.

Sehr geehrter Herr Müller,	oder	*Sehr geehrter Herr Müller!*
für Ihr Schreiben vom ...		*Für Ihr Schreiben vom ...*

12. Das Datum wird durch Komma abgetrennt.

Frankfurt am Main, den 18. Mai 19..
Wir treffen uns am Sonntag, dem 7. Juni.

13. Wenn der Vorname hinter dem Namen steht, wird er durch Komma abgetrennt.

Hoffmann, Karl-Heinz.
Schulz, Hannelore.

Zusätze zum Namen, die mit geb., verh., verw. eingeleitet werden, brauchen nicht durch Komma abgetrennt werden:

Hannelore Schulz geb. Schütte
oder
Hannelore Schulz, geb. Schütte

14. Das Komma steht zwischen vollen Zahlen und Dezimalzahlen.

353,68 m – 16,4% – DM 3,95.

15. Ausrufe und Empfindungswörter können durch Komma abgetrennt werden, wenn man sie besonders hervorheben will.

Ach, ich bin ganz verzweifelt!
Oh, welche Überraschung!
Ja, das ist wirklich ein Zufall!

16. Herausgehobene Satzteile werden durch Komma abgetrennt, wenn auf sie zurückverwiesen wird.

Das Ende, es war schrecklich.
Am Gardasee, da hat es uns besonders gut gefallen.

Übungen zu den Kommaregeln 6, 7, 9 und 10

Übung 20

Setze die fehlenden Kommas ein, und beachte dabei die Kommaregeln 1 und 6!

1. Ich weiß noch nicht ob ich in den Osterferien verreise und ich will mich noch nicht festlegen.
2. Ich weiß nicht ob ich in den Osterferien verreise oder ob ich zu Hause bleibe.
3. Ich möchte dich gern zu uns einladen und auch meine Eltern freuen sich auf deinen Besuch.
4. Weil heute Sonntag ist und weil die Sonne scheint wollen wir eine Fahrt ins Grüne machen.
5. Heute ist Sonntag und weil die Sonne scheint wollen wir eine Fahrt ins Grüne machen.
6. Heute gehen wir ins Theater und morgen wollen wir ins Kino gehen.
7. In der Zeitung steht daß sich ein Eisenbahnunglück ereignet hat und daß dabei 45 Fahrgäste ums Leben gekommen sein sollen.
8. In der Zeitung steht daß sich ein Eisenbahnunglück ereignet hat und dabei sollen 45 Fahrgäste ums Leben gekommen sein.
9. Die Griechen waren berühmt für ihre Kunstwerke und die Römer wurden wegen ihrer militärischen Leistungen bewundert.
10. Ich danke euch für die vielen Geschenke die ihr mir zu meinem Geburtstag geschickt habt und möchte euch sagen daß ich mich sehr gefreut habe.
11. Ich danke euch für die vielen Geschenke die ihr mir zu meinem Geburtstag geschickt habt und über die ich mich sehr gefreut habe.
12. Die meisten Zuschauer klatschten begeistert und nur wenige Unzufriedene pfiffen entrüstet.

Übung 21

Setze die fehlenden Kommas ein, und beachte dabei die Kommaregeln 2 und 9!

1. In Düsseldorf eine billige Wohnung zu mieten ist fast unmöglich.
2. Herr Möller liest die Anzeigen in der Zeitung um vielleicht doch eine geeignete Wohnung zu finden.

3. Um die angebotene Wohnung besichtigen zu können vereinbart Herr Möller mit dem Vermieter einen Termin.
4. Diese Wohnung zu renovieren ist wirklich notwendig.
5. Der frühere Mieter ist verpflichtet alle Kosten zu tragen.
6. Eine Eigentumswohnung zu kaufen erscheint als die beste Möglichkeit.

Übung 22

Setze die fehlenden Kommas ein, und beachte dabei die Kommaregeln 2 und 10!

1. Es scheint noch viele Schwierigkeiten zu geben.
2. Wir gaben uns alle Mühe die Schwierigkeiten zu beseitigen.
3. Alle Schwierigkeiten scheinen beseitigt zu sein.
4. Die Leistung des Siegers im 100-Meter-Lauf ist wirklich zu bewundern.
5. Wir hatten Gelegenheit eine große sportliche Leistung zu bewundern.
6. Ich habe noch zu arbeiten.
7. Es hat keinen Zweck noch länger zu arbeiten.
8. Peter nahm sich vor die Hausaufgaben besonders sorgfältig zu machen.
9. Zu Montag brauchen die Schüler keine Hausaufgaben zu machen.

Übung 23

Setze die fehlenden Kommas ein, und wende dabei die Kommaregel 7 an!

1. Von niemandem bemerkt drangen die Diebe nachts in das Geschäft ein und entwendeten Waren im Wert von 25 000 DM.
2. Vom Gewitter verängstigt verkroch sich der Hund unter dem Schrank.
3. Die Fußballfans pfiffen laut verärgert über die schlechten Leistungen ihrer Mannschaft.
4. Von Panik ergriffen drängten sich die Zuschauer zu den Ausgängen.
5. Der junge Mann sehr schick nach der neuesten Mode gekleidet hatte ein gewandtes Auftreten.
6. Durch das anhaltend schöne Wetter veranlaßt fuhren viele Städter in die Erholungsgebiete.
7. Auf dem Rücken liegend ließ ich mich von der Sonne bräunen.
8. Nach Beute Ausschau haltend kreiste der Raubvogel über den Wiesen.

Quellennachweis

Aus folgenden Büchern und Zeitschriften wurden Texte entnommen:

Hebel, Johann Peter: Schatzkästlein des rheinischen Hausfreundes, München: Hauser 1945 (15)
Heyerdahl, Thor: Kon-Tiki, Verlag Ullstein, Berlin 1965 (13)
Waterkamp, R.: Zukunftsreport, Hannover 1969 (17)
»Die Welt« Ausgabe Hamburg vom 29. 7. 1961 (16)

(Die Zahl in Klammern verweist auf die Übungen im Sprachbuch.)

Bei den Übungen 10, 11 und 14 handelt es sich um Auszüge aus Schüleraufsätzen.

Lösungsbogen

Die vorn stehende Zahl gibt den Satz oder die Zeile, der hinter dem Komma stehende Buchstabe die Kommaregel an.

Übung 1

1. beeilen, S
2. Schule, S
3. hoffe, S
   bist, S
4. Friseur, I
5. Kleider, A
   Anzüge, A
6. Nordsee, G
7. Blumen, B

Übung 2

1. frage, S
2. Peter, G
3. dir, I
4. Straße, I
5. Auto, I
6. Arbeiter, A
7. umziehen, B
8. wetten, S
9. statt, G
10. spannend, S
11. blitzte, A
12. froh, S

Übung 3

1. ist, S
2. nicht, S
3. mich, S
4. leid, S
5. aber, S
6. zufrieden«, S
7. erst, S
8. Tisch, S

Übung 4

1. Brief, S
   habe, S
2. sehr, S
   konnte, S
3. Buch, S
   habe, S
4. Tante, S
   liegt, S
5. Auto, S
   steht, S
6. sah, S
   lief, S
7. Ampel, S
   war, S
8. werde, S
   habe, S
9. Freund, S
   hat, S
10. vergessen, S
    waren, S

Übung 5

2. älter, S
4. besser, S
7. Wasser, S
8. schön, S

Übung 6

1. herein, I
2. mich, I
3. Zeit, I
4. Sekretärin, I
5. vergessen, I
6. anzugeben, I
7. Bademeister, I
8. schlafen, I
9. möglich, I

Übung 7

1. Glück, A
2. jung, A
3. Romane, A
   Taschenbücher, A
4. Frankfurt, A
   Berlin, A
5. Regen-, A
   Oberrhein, A
   Bayerns, A
   Neuschnee, A

Übung 8

1. voreilig, G
2. Englisch, G
3. geworden, G
4. April, G
5. heute, G
6. spannend, G

Übung 9

1. Ausflug, B
2. England, B
3. berühmt, B
4. uns, B
5. besuchen, B
6. langem, B

Übung 10

1. statt, S
2. tobte, S
   Schüsse, S
3. Versuch, I
4. gelang, S
5. deshalb, S
   sei, I
6. erschüttert, S
   versuchte, I
7. Buch, S
   veröffentlichte, S
   vor, S
8. Feld, S
9. Fahrzeuge, A
   Gebäude, S
   ist, S
10. dafür, S
    hatte, S
11. Menschheit, S
12. Kreuz, S
    ist, S

Übung 11

1. entstehen, S
2. sein, I
3. ist, S
   Fahrbahn, S
4. sicherer, I
   überqueren, S
5. erlebt, S
   ging, S
6. bremsen, S
7. nicht, S
   drohen, S
8. Unfallzeuge, S
   überquerte, I
9. bremste, S
10. Leute, S
    hatten, S
    Arzt, S

Übung 12

2 war, S
3 hatte, S
4 retten, S
7 Bahnhofsstraße, B
  fiel, S
8 ich, S
9 geriet, B
11 denken, S
13 angeben, S
   wahrscheinlich, S
16 waren, S
17 gestoßen, S
20 Insassen, S
21 Kaufleute, S
22 frei, S
23 an, S
25 Zugunglück, S
27 war, S
29 Güterzug, A
31 Junge, S
32 sollte, S
33 gebissen, S

Übung 13

1 Haien, S
  begannen, I
2 einwenden, S
3 ist, I
  ziehen, S
6 bekommen, I
8 bereit, I
9 abwendete, I
  tauchen, S
10 Wasser, S
11 an, S
12 Absatz, S
13 Griff, S
15 ziehen, S
16 nichts, S
   er, I
17 vergeblich, S
18 davonfahren, S
19 Ruck, S
   galt, I
20 behalten, S
22 begann, S
23 blieb, S
   Zeit, I
28 noch, I
29 geboten, S
30 retten, S
31 sich, S

Übung 14

1 verwandt, S
3 dort, S
  Menschen, S
4 können, S
6 müssen, B
  Krieg, A
8 sind, S
10 voraus, S
11 Interessen, S
   verfolgen, S
13. auseinander, S
14. bestehen, S
16 Eigenschaft, S
18 versucht, I
   zeigen, S
   vollbringt, S
19 möchte, S
21 Beispiel, S
24 Tümpel, S
25 wollten, S
26 gesagt, S
27 warnten, S
28 Luft, S
31 Eisfläche, S
   hätte, S
33 Jungen, S
   war, S
34 gekommen, S

Übung 15

1 lügt, S
nicht, S
3 lernt, S
4 besorgen, S
5 Brunnen, S
6 wird, S
7 Gold, S
9 Menschen, S
10 sind, S
12 abgelassen, S
13 Sprichwörter, S
wahr, S
15 Mut, I
erwerben, S
16 ist, S
18 Wonichtsist, S
war, I
21 ist, S
wenige, S
22 war, S
23 Ersparnisse, S
27 Wonichtsist, S

Übung 16

1 Schätzungen, S
3 Augen, S
4 sind, S
5 deutlich, S
6 müssen, I
8 traumlosen, A
10 geht, S
11 einnehmen, S
2000, S
12 Zukunftsforscher, S
13 Lärm, A
15 schmutzig, S
16 Fenster, S
19 Hagel, A
20 Gebieten, A
22 nachsehen, S
24 arbeiten, I
25 Möglichkeit, S
26 braucht, I
28 Minderheit, S
29 muß, S
sein, S
30 möglich, S
31 Schach. A
Bridge, A
Musik, A
32 Kunst, A
Sprachen, A

Übung 17

1 nicht, S
3 Ferien, S
4 tun, I
7 den, S
8 abgelehnt, I
9 leisten, S
11 leiden, S
12 verlieren, S
17 daran, S
18 ist, S
20 vor, S
annehmen, S
21 Jugendlichen, S
22 sollten, S
23 Leute, S
24 sind, S
25 anschaffen«, S
sagen, S
27 nicht, S
28 sparsam, A
29 Dinge, S
hätten, S
30 wäre, S
Mühe, S
32 diejenigen, S
arbeiten, I
33 Begleiterschei-
nung), G
34 kennenzulernen, S
35 Bedürfnis, I
36 hineinzutasten, S
37 verbergen, S
38 Psychologen, S
39 bespricht, S
dazu, I
40 meinen, I
Praxis, B
41 Alltag«, B
42 können, B
denen, S
44 nach, S
45 haben«, S
47 merken, S
lernen, S
dem, S
48 anbietet, S
steckt, S
49 bedeutet, S
50 merken, S

Übung 18

1 herzlich, S
2 Gute, B
3 Haus, A
5 Frau, A
6 Sie, I
7 hoffen, S
sind, S
9 aufrichtig, S
haben, S
10 Ihnen, S
13 Ausflügen, A
15 Rottach-Egern, S
haben, S
16 hoffe, S
18 Urlaubsgrüße, S
mich, S
20 entschlossen, I

23 Schulz, S
24 hat, S
entschlossen, I
26 bitten, I
mitzuteilen, S
28 freuen, S
30 hoffen, S
können, S
31 gleichzeitig, I
32 Klasse, B
33 Neustadt, B
34 feststellte, S
Toilettensachen, B
35 Nageletui, A
Seifendose, A
36 Waschlappen, B
37 sein, S
39 irre, S
40 sein, I
42 voraus, S
hoffe, I

Übung 19

2 alt, A
4 Stenographie, A
5 erworben, S
7 bereit, I
vorzustellen, I
9 ich, B
Weber, B
12 war, S
13 Vater, S
14 um, S
15 Realschule, A
17 Stenographie, A
18 beherrsche, S
mich, I
21 wird, S
22 kann, S

Übung 20

1. nicht, S
   verreise, S
2. nicht, S
3. einladen, S
4. scheint, S
5. Sonntag, S
   scheint, S
6. Theater, S
7. steht, S
8. steht, S
   hat, S
9. Kunstwerke, S
10. Geschenke, S
    habt, S
    sagen, S
11. Geschenke, S
12. begeistert, S

Übung 21

2. Zeitung, I
3. können, I
5. verpflichtet, I

Übung 22

2. Mühe, I
5. Gelegenheit, I
7. Zweck, I
8. vor, I

Übung 23

1. bemerkt, P
2. verängstigt, P
3. laut, P
4. ergriffen, P
5. Mann, P
   gekleidet, P
6. veranlaßt, P
7. liegend, P
8. haltend, P

Raum für eigene Eintragungen

In dieser Reihe sind außerdem erschienen:

Groß- und Kleinschreibung – Lernen und Üben
(MD-Nr. 1275)

Schreibung von S und Z – Lernen und Üben
(MD-Nr. 1276)

Rechtschreibung – Lernen und Üben
2000 deutsche Wörter und geläufige Fremdwörter
(MD-Nr. 1277)

1/987 654